# THIRD PARTY EYES

# LOS OJOS DEL TERCERO

*Laurel Jacobson*

Spanish translation - *Traducción al español*
*Rubén E. Nájera*

*Editorial Antigua, S.A.*

ISBN 99922-722-1-X

Some poems originally published in slightly different form in the *Guatemala Weekly*.

*Spanish translation:*
Rubén E. Nájera

*Cover painting (detail):*
Maria Eskenasy, *Tres Gracias* (1995)

*Woodcuts:*
Jørn Bei, *Maize to the Gods* (1988), *The Weaving* (c.1987), *Women from San Pedro La Laguna, Gua.* (1987), *Guatemalan Landscape* (1987). www.jorn-bie.dk

*Photography:*
José Carlos Flores

Printed in Guatemala

Editorial Antigua, S.A.
3 Av. 0-50 Zona 2
Guatemala City, Guatemala
www.macaw.com

*In memory of Joan,*
*Harland and Eric*


*A la memoria de Joan,*
*Harland y Eric*

# CONTENTS

## 1

## 2

## 3

# CONTENIDO

## 1

## 2

## 3

1

## IMAGINE

Wincing as if witness to a crime
I stand all eyes
precise as nail in sunlight
while swollen bare feet
dryly slap the street
and the dirt-dulled *corte* wrapped
obediently around her legs
whispers as if wind.
As if wind half in trees
gust after gust
she talks to herself
hums a melody of the street
mimics a stuttering bus.
Appears not to see me caught
in grieving vertigo, passing
port to port
while horizons crawl between.
Imagine,
offering to extinguish
the rows of wicked
jewels set in poverty.
Imagine, to cut
the wicked jewels of poverty.

## IMAGINA

Retrocediendo como testigo de un crimen
permanezco toda ojos
precisa como un clavo a la luz del sol
mientras los hinchados pies desnudos
golpean secamente la calle
y el corte opaco de tan sucio envuelto
obedientemente alrededor de las piernas
susurra como el viento.
Como si fuese viento a medias metido entre los árboles
ráfaga tras ráfaga
habla consigo misma
musita una melodía callejera
imita un bus tartamudo.
No parece verme atrapada
en mi vértigo apesadumbrado, transitando
de puerto en puerto
mientras los horizontes se escurren en medio.
Imagina,
ofrecer extinguir
las hileras de perversas
joyas hundidas en la pobreza.
Imagina, cortar
las perversas joyas de la pobreza.

# WORLD REPORT

Night crowds around prisoners in garden,
the lost and wounded crouch behind ruined walls,
peer out at a truculent world.
Through my eyes they see

myopic topsy-turvy.  Then creep back
to war-torn fields, set
their maize among the mines and
sit with fingers tight on triggers pressed

or machete clasped to breast to get some rest,
'til smell or sound or mind trips unaware on tortured
holy ground, and cry, "Oh Jesus help us."
Through my eyes they see

a larger world. Not wholly wrong in fervent anarchy,
just one more little country, what's its name?
Guate . . . something in the news again.
Through my camera they see

revolutions, coup d'état, bodies burning, CIA.
Tattered we bury the dead ideas
that never had a chance . . . no,
we've all had a chance.

Devouring the black around a common grave piled
deep in regrets they stand in twilight, light
incense for the dead. What do I bring?
Through my eyes they see

> through my camera I stare, silently
> gasp, then pray, "Please,
> let that be all."

Maya gods are moving, hear the rumbling?  When lucky
may be thunder or only the volcano
and not the army with tanks on move of late.
Through almond Maya eyes I see

## INFORME MUNDIAL

Turbas nocturnas en torno a prisioneros en un jardín,
los desaparecidos y los heridos agazapados tras una pared en ruinas
atisban un mundo truculento.
Por mis ojos ven

confusos miopes.  Luego trepan de vuelta
a campos arrasados por la guerra, fijan
su maíz entre las minas y
se sientan con los dedos tensos alrededor de los gatillos

o el machete aferrado al pecho para poder descansar
hasta que el olor o el sonido o la mente viaje sin darse cuenta sobre la
        atormentada
tierra santa y grite "Oh Jesús ayúdanos."
Por mis ojos ven

un mundo más grande.  No del todo equivocado con su ferviente
        anarquía.
Sólo otro pequeño país. ¿Cuál es su nombre?
Guate . . . algo en las noticias otra vez.
Por mi cámara ven

revoluciones, golpes de Estado, cuerpos ardiendo, CIA.
Harapientos sepultamos a los muertos, ideas
que nunca tuvieron oportunidad . . . no,
todos tuvimos una oportunidad.

Devorando la oscuridad en torno a una fosa común profundamente
        apilada
de remordimientos permanecen en el crepúsculo, leve
incienso para los muertos. ¿Qué puedo traer?
Por mis ojos ven

        a través de mi cámara observo, grito
        en silencio, luego rezo: "Por favor,
        que esto sea todo."

Los dioses mayas se mueven, ¿escuchan el rumor?  Si hay suerte

tragically beautiful woman, hair fluid as the night,
wrapped in tapestry, singing in soon-to-be
forgotten tongue, her wounded child held tight.
Through my eyes you see

volcano gods, soldiers in the night,
the temple, the church,
the witch doctor, the saint,
firecrackers at dawn , the earth as it quakes,
San Simón, the smoking gods, *la Llorona*, all

walk gently, march, trip, stumble or fall.  All
mix gently, march, trip, stumble or
fall into the enigma of a land,
into the promises of such a mysterious, beautiful land.

serán truenos o el volcán
y no el ejército con tanques que se mueven desde hace poco.
Por almendrados ojos mayas veo

una mujer hermosa, cabello fluido como la noche,
envuelta en tapiz, cantando en una lengua que pronto
se habrá olvidado, su hijo herido aferrado con fuerza.
Por mis ojos ves

dioses del volcán, los soldados en la noche,
el templo, la iglesia,
el brujo, el santo,
cohetes al amanecer, la tierra que tiembla,
San Simón, los dioses que fuman, la Llorona, todos

caminan suavemente, marchan, trastrabillan, tropiezan o caen. Todos
se mezclan suavemente, trastrabillan, tropiezan o
caen en el enigma de una tierra,
en las promesas de una tierra, tan misteriosa, hermosa.

## SECUESTRADA

Children see balls and whisper
behind whitened walls crowned
in broken glass,
the shards of last year's feast;
razor-ribboned bougainvillea
cries out orange and pink,
magenta tears run toward
the now-closed door . . . sleep.

I awake behind wrought-iron doors
in the village of my dreams,
find I've come to live with
nightmares as filigree jailer
of the heart pounding in my throat,
read headlines chanting
            another child,
            neighbor, uncle, priest,
the faceless names that lengthen
the dread as I lapse to suspect.
Loved ones scramble to meet
demands and pray
for grace "let her captor
be a mother herself,
a father himself."
And chances are they too march home
through the lanes,
through the pastel village patina
to small-armed hugs and sticky kisses
wanting to be fed then tucked in bed.

Mother cries out in the night,
screams into a pillow
soaked with sweat;
then stiffly pulls her mind from
anxious demons, opens the nursery door
to smell her children,
hear their rhythmic breath and
see the well-formed limbs
neatly composed as statues
beneath the sheets.

## SECUESTRADA

Los niños ven pelotas y susurran
detrás de paredes blanqueadas coronadas
con vidrios rotos,
fragmentos de la fiesta del año pasado;
buganvilias con alambre de cuchillas
gritan naranja y rosado,
lágrimas magenta se deslizan hacia
la puerta ahora cerrada . . . dormida.

Despierto tras puertas forjadas en hierro
en la aldea de mis sueños;
encuentro que he llegado a vivir con
pesadillas como carcelero de filigrana
del corazón que palpita en mi garganta,
leo encabezados cantando
           otro niño,
           vecino, tío, sacerdote,
los nombres sin rostro que prolongan
el temor mientras me deslizo en la sospecha.
Los seres queridos se alborotan para cumplir
con las demandas y piden
gracia "Que el secuestrador
sea ella misma una madre,
él mismo un padre."
Y es probable que ellos también marchen a casa
por los carriles,
por la pátina apastelada de la aldea
hacia abrazos de brazos cortos y besos pegajosos
deseosos de ser alimentados y arropados en la cama.

La madre llora toda la noche,
grita sobre la almohada
empapada de sudor;
luego aparta tensa su mente de
los ansiosos demonios, abre la puerta del cuarto de sus niños
para olerlos,
escuchar su rítmica respiración y
ver sus bien formados miembros
netamente colocados como estatuas
bajo las sábanas.

## THIRD PARTY EYES

She said Latin America is a knife
violence here is our passion
fear forms an insatiable
desire to live
here in the heart
that alternately beats
love and hate, beats.
Then she toasted me for
my third party eyes watching
the clouds cover an
equatorial sky,
air thinned to a rarity so perfect
that gasping at beauty is
the only way to breathe.
I've always wanted to say
something that would
reach the center earth.
It seems to have fallen
at least on her middle ear
resting in the intruded *altiplano* city
before sliding down the slopes
to basins veined with
swollen muddy waters
falling to the sea, I said,
this country is a knife
where sunlight
balances like stars
walking a blade of sharp
steel toward a handle
carved from bone,
the shaft we all desire to hold.

# LOS OJOS DEL TERCERO

Ella dijo América Latina es un cuchillo
la violencia es aquí nuestra pasión
el temor forma un insaciable
deseo de vivir
aquí en el corazón
que late alternativamente
con amor y odio, que late.
Luego ella brindó por
mis ojos de tercero contemplando
las nubes que cubrían un
cielo ecuatorial,
el aire enralecido con tan perfecta rareza
que respirar la belleza es
la única forma de respirar.
Siempre he querido decir
algo que pueda
llegar al centro de la tierra.
Parece haber caído
al menos en su oído medio
descansando en la invadida ciudad del altiplano
luego deslizándose por las laderas
hacia cuencas con venas
de hinchadas aguas fangosas
cayendo en el mar, yo dije,
este país es un cuchillo
donde la luz del sol
se balancea como estrellas
caminando por una hoja de agudo
acero hacia un mango
tallado en hueso,
la empuñadura que todos deseamos asir.

## VOTE TODAY

Through softened light the ruins
lay cooling fevered stone;
ashen pastels with the gray-green mold of
last year's rain, a season still clinging to life as
tropic sun sets in full-faced arrogance,
full-faced rage at the scene,
the crumbled scene of emptied
stone streets echoing like the
dream of a martyr ever rising in silent verse.

Only a skinny dog gnaws the grease-soaked
corn-husk tamale wrappers
rotting in the square next to
cigarette butts and Coke bottles.
One could count canine ribs but
one could count the ribs of countless children
hidden today behind sheet metal door
or hand-carved mahogany *portón*
graced with Fatima's hand;

whoever taking care of
minors or majors or veterans or
soldiers, none venture to promenade,
to vote today, one thumb print on a page,
and recognize or be recognized
as the face of the condemned,
political losers lost in a parade between
columns tattooed with their graffiti,

over and over on rocks and walls and huts and
shrines and trees, anything that doesn't move
too fast, plastered with their good intentions.
While slogans storm between
whiny love songs and salsa's sexy beat
heard on terraced corn fields deep in the
inner pockets of a tattered-coat country,

heard over the drone of ancient school buses

## VOTE HOY

A través de una luz suavizada las ruinas
descansan enfriando la fiebre de la piedra;
pasteles cenicientos con el molde gris verdoso de la lluvia
del año pasado, una estación que todavía se cuelga a la vida mientras
el sol tropical se pone con la arrogancia desplegada en el rostro,
confrontando la escena con la furia en el rostro.
La desmoronada escena de vacías
calles de piedra resuena como el
sueño de un mártir que siempre se levanta en el verso silencioso.

Sólo un perro escuálido roe los grasientos
envoltorios de tamal cubiertos de maíz
que se pudren en la esquina junto a
colillas de cigarrillos y botellas de Coca.
Se podrían contar las costillas caninas pero
se podrían contar las costillas de innumerables niños
escondidos hoy tras la puerta de metal
o el portón de caoba tallada
decorado con la mano de Fátima;

quienquiera esté cuidando a
menores o mayores o veteranos o
soldados, ninguno se atreve a pasear,
a votar hoy, la huella de un pulgar en una página,
y reconocer y ser reconocido
como el rostro del condenado,
perdedores políticos perdidos en un desfile entre
columnas tatuadas con su graffiti,

una vez y otra sobre piedras y paredes y chozas y
templos y árboles, cualquier cosa que no se mueva
muy rápido, enyesado con sus buenas intenciones.
Los eslóganes truenan entre
gimoteantes canciones de amor y el ritmo sensual de la salsa mientras
se escuchan sobre las terrazas plantadas de maíz en lo profundo
de los bolsillos interiores de la andrajosa chaqueta del país;

se escuchan sobre el zumbido de antiguos buses escolares

journeying from lowland to *altiplano*
and back around the market to be hawked
(as if a journey can be hawked like dried fish),
"Come buy my destination so much better
than where you really want to go!"

Where do we want to go?
Woman trots home under a mountain of twigs,
machete strapped to her side
like a knight who fought windmills, cooks
breakfast and listens for the day
to squeak through transistors to
invade, to ratify a collage of
dirt floors and water trapped in plastic jars
fetched five blocks away;

broadcasts names and strategy,
then strips one saint to dress another,
like the ruined edifice of the Jesuits,
like the dreams of a martyr ever rising
in silent coded verse
absently memorized and prayed
like too many Hail Marys raining
on fevered stones of the fiesta,
raining on the parade.

viajando desde las tierras bajas hasta el altiplano
y dando vuelta alrededor del mercado para anunciar su pregón
(como si un viaje pudiera pregonarse como pescado seco),
"¡Venga a comprar mi destino que es mucho mejor
que adonde usted realmente quiere ir!"

¿A dónde queremos ir?
La mujer corre a casa bajo una montaña de ramas,
el machete enfudado en su costado
como un caballero que ha peleado con los molinos; cocina
el desayuno y escucha el día que
rechina a través de transistores, para
invadir, para ratificar un collage de
pisos sucios y agua atrapada en tinajas de plástico
recogidas a cinco cuadras de distancia;

transmite nombres y estrategia,
luego desviste un santo para vestir a otro,
como el edificio en ruinas de los jesuitas,
como los sueños de un mártir siempre alzándose
en silencioso verso codificado
descuidadamente memorizado y recitado
como tantos Ave Marías lloviendo
sobre las febriles piedras de la fiesta,
aguando el desfile.

## SUM OF THE AVENUE

Windows up, air on, doors locked.
I quickly tally the soiled hair,
torn dress, bare feet
like numbers running
up and down an asphalt
page of autos impatient
at the light. Red light tally -
10 centavos, nothing, eyes
straight ahead.
Baby shifted to her hip
wrests a rare quetzal flying
from a new car window.
Again . . . shift, walk, tally, work
the crowd, encumbered
my windshield shows me what to see:
stoplight on the center stage
of Zone 10 cars. We witness
cursory or hypnotic, jaded or stunned,
then for one wretched second each
must decide and we hate her for it
as ourselves for such a world
unable to ignore her
nor the oft-heard adage,
"Don't give money to beggar children
it ruins them for life."
She stands before a Cleopatra,
beauty parlor nails
secured around the wheel,
one finger raised, a red flag,
coordinated lips mouth "no."
Green light pardon churns motion
into flight; I watch her
tally anointed palms,
then through mid-town traffic
retreat into not quite guiltlessness,
watch my hands tremble
their slivered ends, wax as I contend

## SUMA DE LA AVENIDA

Ventanas arriba, aire acondicionado encendido, puertas cerradas.
Rápidamente cuento el cabello sucio,
el traje roto, los pies desnudos
como números que corren
arriba y abajo por una página
asfaltada de autos impacientes
en la luz. Cuenta del semáforo en rojo:
10 centavos, nada, ojos
al frente.
Con el bebé encajado en la cadera,
ella lucha con un raro quetzal que vuela
de la ventana de un carro nuevo.
De nuevo . . . encajar, caminar, contar, trabajar
la multitud, abochornada
mi vidrio frontal me muestra lo que debo ver:
luz de alto en la escena central
de las calles de la zona 10. Presenciamos
con juramentos o hipnotizados, hartos o abrumados,
luego por un maldito segundo cada cual
debe decidir y la odiamos por eso
como a nosotros mismos por un mundo tal
incapaz de ignorarla a ella
ni al tantas veces escuchado adagio,
"No dé dinero a los niños mendigos,
eso los arruina para toda la vida."
Se para frente a una Cleopatra,
uñas de salón de belleza
seguras en torno al timón
un dedo levantado, una bandera roja,
labios coordinados para emitir "no."
Luz verde perdón movimiento agitado
para huir; la observo
contar en sus palmas ungidas;
luego a través del tráfico del centro
retirada en algo que no es del todo falta de culpa,
observo mis manos que tiemblan
sus puntas desgajadas crecen mientras lucho

with many layers,
the painted masks of passion
peel then ask,
"But does she dream of dancing?"
So like touched smoke, all sides
impossible to lift,
neither callous nor sentimental
I find no border my own,
just raw foot candor
remaining on the avenue.

con muchas capas,
donde las pintadas máscaras de la pasión
se pelan y peguntan,
"Pero, ¿ella sueña con bailar?"
Así, como el humo que ha sido tocado por todos lados
y no puede elevarse,
ni insensible ni sentimental
no encuentro frontera propia,
sólo crudo candor pedestre
que permanece sobre la avenida.

## THE REVOLUTIONARY

Ancient myths surround me
between wasted mortar and stone.
Barefoot children scramble
through vacant cobbled streets.
The beggar, the baron, the misfit rebel,
the misplaced expatriate, all come to commune.
Fragilely you left me here
to abdicate while
my past storms through the vacant halls
around the square, where you
so recently took my love
and in public passion held me.
"Are you mine?" you gasp. "Is it mine?"
Your abandon is contagious,
I stretch to give you all my sorted wisdoms,
feeble callings, delusive arguments;
from profane and profound monologues to
rambling discordant dialogues,
you demand to taste them all.
And yes, I readily hold them up to you.
"Are you mine?" you ask. "Is it mine?"

## EL REVOLUCIONARIO

Antiguos mitos me rodean
entre mortero y piedra desgastados.
Niños descalzos corretean
por vacías calles empedradas.
El mendigo, el barón, el rebelde inadaptado,
el expatriado sin ubicación, todos vienen a conversar.
Frágilmente me dejaste aquí
para abdicar mientras
mis pasado cruza atormentado por los salones vacíos
en torno a la plaza, donde tú
tomaste mi amor hace tan poco
y me retuviste con pública pasión.
"¿Eres mía?", musitas. "¿Es eso mío?"
Tu abandono es contagioso;
me estiro para darte todos mis ordenados juicios,
mis débiles llamados, engañosos argumentos;
desde profanos y profundos mológos hasta
diálogos que divagan discordantes,
me pides probarlo todo.
Y sí, pronta los sostengo para ti.
"¿Eres mía?", preguntas. "¿Es eso mío?"

# ARMISTICE

Pens fly like birds scattering from gunshot
leave their droppings on the sheets
that many have cried for. Brought to table
in a feast of cold-sparked speeches,
fervent little creatures born to sort out
the throned and dissenthroned;
not tat this parley has yet been analyzed,
but no longer born to die the hunted bird.

A global clock finally strikes
a deal of equilibrium, tattooing
each side's arm,
ink binds found brothers against their puerile
play of war.

Boys in the afternoon rain,
two sets of arms that reach around
the column of their ancestors
set as deep in soil as the shaft
we see today rising to the wind.

They stand mirrored, talons clasped
among the trampled flowers,
the ones we left uncut
as to gather their tiny seeds.

The crowded square watches
while celebration throbs at the idolatry
of peace.  And those
who recoil from the beat of the band
land poles apart from friends ready
to march in feathered masks,
Maya-faced beneath, accepting the hope
a bird of prey leaves
in its promise of peace,
the droppings of ink upon a page.

## ARMISTICIO

Las plumas vuelan como las aves que dispersan por los disparos
dejan sus manchas sobre las páginas
por las que muchos han clamado.  Traídas a la mesa
en un festejo de discursos chispeados de frío,
pequeñas criaturas fervorosas nacidas para discriminar
a los entronados de los destronados;
no es que este parlamento haya sido analizado,
pero ya no ha nacido para morir el ave cazada.

Un reloj global al fin da
un pacto de equilibrio; tatuando
cada lado del brazo,
la tinta vincula a hermanos encontrados contra su pueril
juego de guerra.

Muchachos en la lluvia vespertina,
dos conjuntos de brazos que se buscan en torno
a la columna de sus ancestros
tan hundidos en la tierra como el fuste
que hoy vemos alzarse hacia el viento.

Permanecen espejados, los talones aferrados
entre las flores holladas
las que dejamos sin cortar
como para recoger las pequeñas semillas.

La plaza abigarrada observa
mientras la celebración palpita ante la idolatría de la paz.
Y aquéllos
que retroceden ante el compás de la banda
aterrizan en polos opuestos de amigos prontos
a marchar con máscaras emplumadas,
con rostros mayas abajo; aceptando la esperanza
que un ave de presa deja
en sus promesas de paz,
manchas de tinta sobre una página.

## HER (A COUNTRY)

I move through blackened
night-charred books,
lips dry and cracked unable to speak,
left Her with hands on hips
conspiring
among the pages
that I longed so to write.
Set the props of wildflower charters,
the ones we dared to pick
into sassy revolutionary
bouquets of whispers;
plucking petal after petal
from the wholeness
that we say is love.
We watch Her in infant tantrum
move through blackened
night-charred books,
paper constitutions curled into fiery
red-toothed smiles
that grin the words of no-speak
as my tongue turns to ash,
see Her burst the pages into flames
to illuminate our sight.

# *ELLA (UN PAÍS)*

Me muevo a través de renegridos
libros carbonizados por la noche,
los labios secos y rajados incapaces de hablar;
La dejé con las manos en las caderas
conspirando
entre las páginas
que yo deseaba tanto escribir.
Coloqué los documentos, flores silvestres de utilería
que nos atrevíamos a cortar
como insolentes y revolucionarios
ramos de susurros;
arrancando pétalo tras pétalo
del todo
que decimos que es el amor.
La vemos en infantil berrinche
moverse a través de renegridos
libros carbonizados por la noche,
constituciones de papeles retorcidos como fieras
sonrisas de dientes rojos
que sonríen las palabras del no hablar
mientras mi lengua se torna ceniza,
abrasa las páginas en llamas
para iluminar nuestra vista.

## GREETINGS

in seasonal form we march
to the enormous seraphim
convoy so elaborate
with nostalgic habit

for this time arises inescapable
from the year
among us who however reluctant
wouldn't set 10,000 candles on Christmas

we sound with too few fireworks
and softly walk with pine needles crushed
beneath our feet
fragrant with the familiar lines
"peace on earth, goodwill . . . "

and weep in fear of
filling in the blanks
lest angels jinx us once again
and wrest our coveted gift
on holy night
peace on earth, goodwill
come at last.

## SALUDOS

en sazonada forma marchamos
hacia el enorme convoy de serafines
tan elaborado
con nostálgico hábito

porque esta época surge inevitable
del año
entre nosotros que aunque reticentes
no pondríamos 10,000 velas en Navidad

sonamos con muy pocos cohetes
y caminamos suavemente sobre agujas de pino aplastadas
bajo nuestros pies
fragrantes con los versos familiares
"paz en la tierra a los hombres de buena voluntad . . ."

y lloramos por temor de
llenar los vacíos
no sea que los ángeles nos espanten de nuevo
y nos arrebaten nuestro codiciado regalo
en la noche santa
paz en la tierra, buena voluntad
vengan al fin.

2

## SCHOOL

The day breaks perfectly
like all the others,
cool primness
in pastel light.
She may have glanced
from her courtyard chores
over tin roof weighted with stones,
where yellow and blue plaid
cobs await their turn, to witness
this caress of rival morning color,
or unaware with eyes and mind hurried
into work still asleep
bundle the lye-soaked kernels
atop her head to trudge them off
to be ground into a malleable paste
and most won't disagree
that the gas-driven communal mill is so
much the saving grace in village
after village, spewing its fumes and noise
into the now lightening streets
where women of many sizes, shapes and
ages leave their homes to wait
in chatty lines forming
the smallest social parade
before returning with the uniformly
crushed seeds of their labor,
ground and nearly digested dough
to be pounded and patted and coaxed
into the tortillas of the . . . God
give us this day.
Now awaken the children,
stand like five kernels in a row,
each following the next
uniformly dressed for school
in plaids and cardigans.

## ESCUELA

El día se inicia perfectamente
como todos los demás,
frío escrúpulo
en luz pastel.
Ella podría haber lanzado una mirada
desde el patio donde trabaja
al techo de lata acuñado con piedras,
donde las cuadriculadas lajas azules y amarillas
esperan su turno para presenciar
esta caricia de disonante colorido matinal,
o sin darse cuenta con los ojos y la mente apresurada
por trabajar aún dormida
empacar granos empapados de lejía
y llevarlos cargados sobre su cabeza
para ser molidos en una pasta maleable,
y muchos no disentirán
en que el molino comunal movido por gas es
la salvación aldea
tras aldea, vomitando su humo y ruido
en las calles que ahora se iluminan
donde mujeres de muchas tallas, formas y
edades dejan sus casas para esperar
en las colas hablantinas formando
un minucioso desfile social
antes de retornar con las semillas
de su trabajo uniformemente deshechas
una masa molida y casi digerida
para ser batida y palmeada y transformada
en las tortillas del... Dios
nos dé este día.
Ahora despiertan los niños,
de pie como cinco granos en fila,
cada uno sonriendo al otro
vestidos uniformemente para la escuela
con suéteres y faldas cuadrículadas.

## BELLS

Dissonant bells counterpane
one churchyard to the next,
melodic parley,
neighbors over a fence.

Dawn's softness, woolly blanket,
silken limbs stretching to be freed;
a lovely leg points toes
to the east,
arms throw back the covers,
unveil the naked beauty with scars
upon her cheek.

Not chimes, but the discordant
rarity of a small country
ever pursuing
a hastened dignity
where ritual implies
the pulling of ropes haphazardly
in order to be heard.

Yes, I hear you,
though I don't always want to.
Liberal doses of sequestered truths
entangle the altar of our doctrine
as we consecrate
our love for country,
hoarding the often impotent
chants of beauty, light
and the emphatic cry for peace.

Wantonly we pull the ropes,
attempt to synchronize, harmonize,
and on Sunday morning
awake to canvass the white-washed shrines
we erect to quarantine our truths.

Dawn's softness, a woolly blanket,

# CAMPANAS

Campanas disonantes unen
un atrio de iglesia con el otro;
plática melódica,
vecinos hablando junto a la cerca.

Suavidad del alba, cobija de lana,
miembros de seda estirándose para liberarse;
una encantadora pierna apunta los dedos
hacia el este,
los brazos se echan atrás sobre los cobertores,
desvelan la desnuda belleza con cicatrices
sobre la mejilla.

No campanillas, sino la discordante
rareza de un pequeño país
siempre buscando
una apurada dignidad,
donde el ritual implica
tirar de las cuerdas al azar
para ser escuchado.

Sí, te oigo,
aunque no siempre quiero hacerlo.
Grandes dosis de verdades abandonadas
enredan el altar de la doctrina
mientras consagramos
nuestro amor por el país,
atesorando cantos de belleza, de luz
y el enfático grito por la paz.
con frecuencia impotentes.

Desenfrenados tiramos de las cuerdas,
intentamos sincronizar, armonizar,
y despertar el domingo en la mañana
para escudriñar las tumbas blanqueadas
que erigimos para poner en cuarentena nuestras verdades.

Suavidad del alba, cobija de lana,

silken limbs stretching to be freed;
a lovely leg points toes
to the east
and tears a ragged hole of pastel
light into the night.

miembros de seda estirándose para liberarse;
una encantadora pierna apunta los dedos
hacia el este,
y abre un raído agujero de luz pastel
en la noche.

## DAY OF THE DEAD

Fiambre stuck
in the throats of all saints,
chrysanthemums crown Nido cans,
whispers of paper and wind
quilted into bites of colored kites
pasted to the sky.
We pull rope-ladders breeding history
like the long beard-hairs of God,
and the lost ancestors tug back
pivoting narrowly
on unraveled boundaries.

Evening sets golden,
sainthood hovering like hummingbirds,
and kites spiral into masterpieces
of possibilities.
We wonder and comfort each to our own
balanced on thresholds of time,
measure each life like a seed pod
greedily consumed not planted
in spring.

# DÍA DE LOS MUERTOS

Fiambre atorado
en las gargantas de todos los santos,
crisantemos coronando latas Nido,
susurro de papel y viento
alforzado en pedazos de barriletes de colores
pegados en el cielo.
Tiramos de la cuerda, una escalera engendrando historia
como los largos pelos de la barba de Dios,
y los perdidos ancestros jalan de vuelta,
pivoteándose estrechamente
en fronteras que se deshilan.

La noche cae dorada,
la santidad revolotea como colibríes,
y los barriletes hacen espirales que son obras maestras
de posibilidades.
Nos maravillamos y nos reconfortamos,
balanceándonos en umbrales de tiempo,
medimos cada vida como un vástago
codiciosamente consumida y no plantada
en la primavera.

## VIERNES SANTO

                Walk through the broken
glass doors of peace
into streets layered with
spring carpets,
minutely placed shavings
dyed and gathered into
not-so-subtle symbols spelled
out upon the street.
Petals disassembled
from their stalks
for the show of bare crosses.
                March, a multitude of ant feet
as they process from holy hill
to holy hill,
upon their 100 shoulders
the heavy morsel of God,
more than any one
could carry alone,
weighted with thanks
and their collective guilt,
ponderous in thickening
rites of spring,
burdened with the thought
of last night's supper for the divine,
where thirst and hunger
waited outside the door.
                Even though Easter is in sight
no one turns an eye toward the
eastern sky where
a mute comet lays a
silvery blue-gray trail,
a passage of its own.
With heads kept dutifully bowed
watching ant feet stir color into color
they tread upon the stone streets
worshipping Friday's Fall.

# VIERNES SANTO

Caminar a través de las rotas
puertas de vidrio de la paz
en calles cubiertas con
alfombras primaverales,
aserrín minuciosamente colocado,
teñido y agrupado en
símbolos deletreados no tan sutilmente
sobre la calle.
Pétalos desgajados
de sus tallos
para el espectáculo de cruces desnudas.
Marcha, una multitud de pies de hormiga
mientras llevan de montículo santo
en montículo santo,
sobre sus 100 hombros
el pesado manjar de Dios;
más de lo que cada uno
podría llevar solo,
cargado de agradecimientos
y de su culpa colectiva,
ponderado en densos
rituales de primavera,
abrumado con el pensamiento
de la cena de anoche para la divinidad,
donde la sed y el hambre
esperaban más allá de la puerta.
Aunque la Pascua está a la vista
ninguno vuelve el ojo hacia el
cielo pascual donde
un mudo cometa coloca un
penacho azul-gris argentado,
un tránsito propio.
Con las cabezas debidamente inclinadas
viendo sus pies de hormiga mezclar color con color
caminan sobre las calles empedradas
adorando la Caída del Viernes Santo.

# FOR THE FLOURISHES

The legend holds us desperately captive,
destroyer, external enemy
stealthily prudent yet advancing
through narrow ravine.
Makes a bridge and taps
out human footsteps
spanning the centuries
of following, just following
and forgetting, just forgetting
as she dabs her coattails
on the ragged hole in her thigh
where the male beasts of the village
pass through and take their leave,
preach their doctrines of
the nobility of their forefathers,
forgetting the chanting wombs
that gave them birth,
servants of their bedrooms
confined to sheets and infrequent
tender reproaches, the
politics of nightshirt shrewdness.
Still so young but already with
the granddame's teats, the
untimely mentioned sadness,
for in neglect there is
no room for the flourishes.

## PARA EL FLORECIMIENTO

La leyenda nos conserva desesperadamente cautivos,
destructor, enemigo externo
clandestino, cauto, que avanza, no obstante,
a través del estrecho barranco.
Hace un puente y borra
huellas humanas
que abarcan siglos
siguiendo, sólo siguiendo
y olvidando, sólo olvidando
mientras ella frota sus faldones
contra el desgarrado agujero de su muslo
por donde las bestias macho de la aldea
atraviesan y piden licencia para partir,
predican las doctrinas de
la nobleza de sus ancestros,
olvidan las cantoras matrices
que los dieron a luz,
sirvientes de sus dormitorios
confinadas a sábanas e infrecuentes
tiernos reproches, la
política de la sagacidad en camisón.
Todavía tan joven pero ya con
las tetas de la gran dama, la
mentada tristeza inoportuna,
porque en la negligencia no hay
espacio para el florecimiento.

## COFRADÍA

I witness into nights of deep arms
and thrash to sounds of Evangelic fervor,
as we jeer they splinter the small
remains of solidarity in villages
tight-lipped with memories of soldier's harsh stride.

       Leisurely we collect the evening,
       making love into shadows
       that dazzle and pierce my heart;
       feathers sprout from your hands and glide over
       a night landscape seen with eyes folded beneath your wings,
       and, yes, one must ride the rarely found eddies of wind
       that circle into dawn; if not for that, what else is there?

I witness into nights of crystal relics,
opaque fetish of shaman's shine
out fey answers to questions
asked only in darkened rooms, outpourings
from the private-parts of a country
timid with self-preservation;
show a feigned humility
while those with muscle-spirits
flex and strut a dogma just out of sight.
Then witness to the shaking
of breath through veils of incense, delve
copal-scorched lungs into
a snarl of vowels gnawing pivotal key-holes into
great words. These and the chubby oracle grind
even my coquetry lame,
while I tarry in chasms between
satire and cheeky faith. The words (if they are words)
rattle and storm, recoil,
then march onward with frank and holy hands
to evoke the gods and saints one has
adopted in this life
to walk us through the great ritual maze
of greed, lust and wisdom.
And you, the gentile nomad,
you light each and every candle with a prayer,
yes, a prayer. Tonight
I believe in prayer.

## COFRADÍA

Contemplo de noches de profundas armas
y agitación ante sonidos de evangélico fervor,
mientras nos burlamos ellos resquebrajan los escasos
restos de solidaridad en las aldeas
amordazadas con memorias del violento paso de los soldados.

Lánguidamente recuperamos la noche,
haciendo el amor en las sombras
que ofuscan y perforan mi corazón;
surgen plumas de tus manos que se deslizan sobre
un paisaje nocturno visto con ojos envueltos por tus alas;
y, sí, uno debe cabalgar los esporádicos remolinos de viento
que circulan el alba; si no fuera por eso, ¿qué más habría?

Contemplo noches de reliquias de cristal,
opaco fetiche del brillo del chamán,
clarividentes respuestas a preguntas
formuladas sólo en habitaciones oscurecidas, emanaciones
de las partes privadas de un país
tímido con su autopreservación;
muestran una humildad fingida
mientras aquellos con espíritus musculosos
flexionan e inflan un dogma para perderlo de vista.
Luego soy testigo del temblor
del aliento a través de velos de incienso, penetro
con pulmones chamuscados de copal en
un rugido de vocales que roen pivotales ojos de cerradura a través de
las palabras grandiosas. Esto y el regordete oráculo trituran,
hacen torpe mi coqueteo,
mientras me demoro en vacíos entre
la sátira y la fe descarada. Las palabras (si son palabras)
repican y truenan, retroceden,
luego avanzan con manos francas y consagradas
para evocar a los dioses y santos que uno ha
adoptado en su vida
para guiarnos a través del gran laberinto ritual
de la codicia, la lujuria y la sabiduría.
Y tú, el nómada gentil,
tú iluminas cada una y todas las velas con una plegaria,
sí, una plegaria. Esta noche
creo en la plegaria.

## ROSARY

Strata of rituals require
that she take her beads to bed,
quelling the memory of pledges made
while their cool roundness
slides between her fingers,
snakes around her breasts.
Just to salvage one last true belief
before she surrenders to sleep,
hastening to fawn
over and over again her wounds
(as surely all woman must do)
in the tactile dignity of dreams.
Skeptical of all she has held,
her own avenue of life
snagged up on the factual
of unsayable things
harbors this snarl
at the very brink of despair,
yes, despair at the bluster
of his words, his touch
and the power of his limbs.
She fondles the strand,
this misshapen effigy
of all sin and grace,
closes her eyes in faith
as if released from his dominion
to fall asleep entangled
in the voweled chants of shamans.

# ROSARIO

Estratos de rituales requieren
que ella lleve sus cuentas a la cama
para mitigar la memoria de las súplicas hechas
mientras su fría redondez
se desliza entre sus dedos,
serpientes en torno a sus pechos.
Apenas para salvar una última creencia
antes de que se rinda al sueño,
apurándose a acariciar
una vez y otra de nuevo sus heridas
(como seguramente debe hacerlo toda mujer)
en la táctil dignidad de sus sueños.
Escéptica de todo lo que ha tenido,
la misma ruta de su vida
enganchada por completo a la realidad
de cosas indecibles
abrigando esta maraña
en el mero borde de la desesperación,
sí, desesperación ante las ráfagas
de sus palabras, su roce
y el poder de sus miembros.
Ella acaricia la sarta,
esta efigie deforme
de todo pecado y toda gracia,
cierra sus ojos con fe
como liberada del dominio de él
para adormecerse enredada
en los cantos vocales de los chamanes.

## THE WEAVER

The earth dreams like you and me,
sometimes in color — sometimes not —
you can feel it, the story nearly invisible
while you sleep and occasionally upon
awakening; it floats like dust in sunlight,
swirling into a vortex of dry mist.

I watch her fashion it,
harnessing color from the earth with
that "I'm not an artist" humility
so beautiful, the labyrinth
each soul tries to hide,
not the little pieces of ourselves that
we give unto the world
(trusting that surely more must come)
but the portion we hoard when fearing
we are all we ever will be.

Speak of hard-wiring a dream into a body.
The girl looks tied to her loom.
She must surely be asleep, allowing
her fingers to work like little elves getting the job done.
But which of us does not fear mischievous ones
coming in the night, coming to undo all our labors,
to reorganize our very own personally designed world.
What does it matter if we can't actually see what she sees?
We too work hard, love our children,
pray, try to be good, attempt to live well, die well.
But it is just a dream.
And which of us really cares what the story is?

She glimpses it from the corner of her eye,
it's bright and moves in a kind of rhythm,
it seems familiar, a part of her life,
something she has always known.
Her hands hold it like a doll mentioned in a story,
she wraps her fingers around it and weaves it into
something I can touch, something I can see
even with my habitually wide open eyes.

# LA TEJEDORA

La tierra sueña como tú y yo,
algunas veces en color — algunas no —
puedes sentirlo, a veces, la historia casi invisible,
aún cuando duermas y ciertamente al
despertar; flota como polvo en la luz del sol,
girando en un vórtice de niebla seca.

Las veo formar sueños en la tela,
enjaezando el color de la tierra con
esa seria actitud de "yo no soy una artista"
tan hermosa, como el laberinto en ruinas
que toda alma trata de esconder;
no los fragmentos de nosotros mismos que
damos al mundo
(confiando en que seguramente habrá más por venir)
sino la porción que atesoramos temiendo que seamos
todo lo que seremos.

Hablemos de alambrar con fuerza un sueño en un cuerpo.
La niñita mira atada en su telar.
Su cabeza seguramente está dormida, deja que los sueños
trabajen con sus dedos como pequeños elfos que terminan el trabajo.
Y quién de nosotros no teme que los traviesos
vengan en la noche, vengan a deshacer nuestra labor,
a reorganizar nuestro mundo más propio, diseñado a nuestra medida.
¿Qué importa si en verdad no podemos ver nuestro sueño?
También trabajamos duro; también amamos a nuestros hijos.
Oramos, tratamos de ser buenos, intentamos vivir bien, morir bien.
Pero sólo es un sueño, ¿no es así?
Y ¿a quién le importa de qué trata la historia?

Ella mira por el rabillo del ojo;
es brillante y se mueve con una especie de ritmo,
parece familiar, una parte de su vida,
algo que siempre ha sabido.
Sus manos lo capturan; lo detienen como una muñeca en un cuento,
envuelve sus dedos en torno a él y lo teje en
algo que puedo tocar, algo que puedo ver
hasta con mis ojos habitualmente abiertos.

3

## PAINT HALOS

I wish to wake you, but not even I can do that;
I want to tell you, never let the island out of sight
nor forget me as I posed a Modigliani woman,

paint . . . waiting to move at your voice.

Face tilted in the sun, eyes closed into half circles,
throat bared and vulnerable as you paint halos in
black lines around my motionless features,

waiting to spring to life at your word.

But the jungle spoke first – it always does –
never stopping, night and day insect sounds
come from your mouth into my ear,
a pulse of extinct consideration.
You have forgotten the island
that lay like my body upon a sheet
defined by the aurora of a touchable night sky
where you spoke to me
like birds feeling the coming storm
drawing back the covers that left me naked,
left me counting raindrops in revue.
Remember me.
Between the noise, however small,
between what has and has not been said.
In case I wake you murmuring
like 1000 beasts
to set a remnant of me upon you,
remember me as graffiti,
black lines inscribed
on a wall somewhere between the sea and jungle
resting on an island
surrounded by the wild sounds,
paint . . . posed and waiting for your word.

## PINTAR HALOS

Quiero despertarte, pero ni siquiera yo puedo hacerlo;
quiero decirte, nunca pierdas de vista la isla
ni me olvides mientras posaba como la pintura de una mujer
de Modigliani . . . esperando moverse con tu voz;

el rostro inclinado al sol, ojos cerrados en hemiciclos,
cuello desnudo y vulnerable mientras pintas halos con
líneas negras en torno a mis rasgos inmóviles.

Yo, esperando surgir a la vida a tu palabra.

Pero la selva habló primero (siempre lo hace)
sin parar. Día y noche los sonidos de los insectos
vienen de tu boca a mi oído,
un latido de extinta consideración.
Has olvidado la isla
que descansaba como mi cuerpo sobre una sábana
definida por la aurora de un tocable cielo nocturno
donde me hablabas
como aves que sienten la tormenta que se avecina
recogiendo los cobertores que me dejaban desnuda,
que me dejaban contando memorias.
Recuérdame.
Entre el ruido, no importa cuán pequeño,
entre lo que se ha dicho y lo que no se ha dicho.
En caso de que te despierte murmurando
como 1000 bestias
para fijar un remanente de mí sobre ti,
recuérdame como graffiti,
líneas negras inscritas
en una pared en algún lugar entre el mar y la selva
descansado en una isla
rodeada por los sonidos salvajes,
pintura . . . en pose y esperando tu palabra.

## AMPLY

I jerk, fey iguana of trees,
while you suck the exodus from me,
gasp for air, search for insects,
raise and lower my head
in allotted spasm.
Isis — joy to scramble
head-first over the wall.
Isis — toward the seas
that attach to me the savior
of the noises.
Isis — attach both large and small
desires, amply each in turn
spill from your mouth
in a throne of terrible noises;
amply each in turn, noises
to shatter all mirrors about me,
their shards both large and small
surround and cut my feet, reflect
the thousand tiny faces that are me,
reflect the half-noised poise
of feigned contempt,
the thousand hazel eyes
crossed far too flatteringly to see,
the thousand sliced-off ears
meant only for sloppy kisses
(surely unable to hear even
your sweet tongue.)
Yet, amply each in turn
once again we touch
to the terrible noises.

# *AMPLIAMENTE*

Me sacudo, clarividente iguana arbórea,
mientras succionas el éxodo de mí,
jadeo, busco insectos,
alzo y bajo mi cabeza
con un espasmo gradual.
Isis: alegría de agitarse
sobre el muro con la cabeza adelante.
Isis: hacia los mares
que me adhieren al salvador
de los ruidos.
Isis: agrega grandes y pequeños
deseos, ampliamente cada uno a su tiempo
para derramarlos de tu boca
en un trono de terribles ruidos;
ampliamente cada uno a su tiempo, ruidos
para sacudir todos los espejos en torno a mí,
sus pedazos grandes y pequeños
me rodean y cortan mis pies, reflejan
las mil caras pequeñas que son yo;
reflejan la pose a medias arrogante
de simulada rebeldía;
los mil ojos avellanados
cruzados demasiado halagadores para verse;
las mil orejas rebanadas
destinadas tan solo a besos fangosos
(seguramente incapaces de escuchar incluso
tu dulce lengua)
No obstante, ampliamente cada uno a su tiempo
rozamos de nuevo
los terribles ruidos.

## DEAR TRAVELER

Once you said I sifted stars like diamonds,
moonstones on the water,
and yes I gathered them
like pebbles from a beach,
put them in pocket
to fondle with my hands
and one by one I numbered them,
gave each a name,
placed value on their allure
and choosing,
as all of our kind must do
but are loath to do,
I found the brightest among them,
whispered my name upon
the smoothness of its light,
took it home
to bed with me,
caressed it into brightness
like nipples between my fingers
and with both hands fastened
around the light
fell asleep to dream
the crusade of evolution,
the so sleight-of-hand passage
of strata in a multitude
and in a dawn opaque
as the eyes of first man
awakening not knowing
how or when such changes occurred,
I freed myself from
the dominion of your firmament.
How very like the snake and leopard
constellations of dreams.  So
extracting my tangled limbs
and before I look,
empirically I know this time
and mourn your vanishing light.

# QUERIDO VIAJERO

Una vez dijiste que yo tamizaba estrellas como diamantes,
piedras lunares en el agua,
y sí yo las recogía
como guijarros en la playa,
las colocaba en el bolsillo
para acariciarlas con mis manos
y una a una las numeraba,
le daba un nombre a cada una,
ponía valor a su atractivo
y escogiendo,
como todos los de nuestra especie deben hacer
pero están renuentes a hacer,
encontraba la más brillante,
le susurraba mi nombre sobre
la suavidad de su luz,
la llevaba a casa
para acostarla conmigo,
la acariciaba para que brillase
como pezones entre mis dedos
y con ambas manos apretadas
en torno a su luz
me dormía para soñar
la cruzada de la evolución,
el mágico pase
de la multitud de estratos
y un alba opaca
como el ojo del primer hombre
despertando sin saber
cómo ni cuándo habían ocurrido esos cambios.
Con reticencia me libero del
dominio de tu firmamento.
Cuán parecido a las soñadas constelaciones
de la serpiente y el leopardo, así
extrayendo mis enredados miembros
y antes de ver,
conozco empíricamente este tiempo
y lamento tu luz que se desvanece.

## DRIFTWOOD

The things you ask for are flowers
that grow in the wake of saints;
step lightly through the span of 7 days,
I await, having known your echo.
The things you ask for roll down
the slope of your shoulder,
sweat vs. light, trace
your silhouette upon me
as you question the life
I thought you didn't want to know,
the driftwood burnt upon the beach,
the scorching tongues of fire
I have known.

## MADERO A LA DERIVA

Las cosas que pides son flores
que crecen al despertar los santos;
camina ligeramente a través del espacio de 7 días,
yo espero, porque he conocido tu eco.
Las cosas que pides ruedan
por la ladera de tu hombro,
sudor vs. luz, traza
tu silueta sobre mí
mientras cuestionas la vida
que yo pensé que no querías conocer,
el madero quemado sobre la playa,
las abrasadoras lenguas de fuego
que yo he conocido.

## THE FIELD

I grow under plantings of scrutiny
for the world pays turbid homage.  My mother
the empress said the casement allowed us
no longer serves, where fields
of maize topple over one another in a race
downhill to valleys full of Eden,
whose children stand full of honor,
wish me well at my various elopements
(these times take this place for thy lawfully wedded.)
They stand clothed in hand-stitched whites,
listen to music back-hoed
into my powdered skin,
songs the children of the ancestry have sung,
including the wedding march the world was eager
for us to learn, that climbed onboard like rats
under the sign of cross and king
to breech full sail and scurry upon my shore.
But the scholaring of their youth omitted
the song of birds and the rustle of corn in fields.
So, years later,
I grow insecure under plantings of scrutiny
while their half-grown children sit in jeans
on tumbled stones of shrines, read their
paperbacks, spill soda like tears
in the seriousness of youth.
Soon, the decades turn a century and still
I'll watch from eyes as old as dirt. Volcanoes
age into impotent old men and yes the children
crawl over me to supplicate and plant me
full of seeds to feed a hungry land.

## LA TIERRA

Crezco bajo plantíos de escrutinio
a los que el mundo rinde turbio homenaje. Dijo mi madre
la emperatriz que la parcela que nos es acordada
no sirve más, donde los campos
de maíz se derraman uno sobre otro en una carrera
cuesta abajo hacia valles llenos de Edén,
cuyos hijos permanecen llenos de honor,
deséame suerte con mis diversas fugas amorosas
(estos tiempos toman por legítima esposa este lugar).
Permanecen de pie vestidos de blancas telas cosidas a mano,
escucha la música que el arado
hunde en mi empolvada piel,
cantos que los hijos de los ancestros han cantado,
incluyendo la marcha nupcial que el mundo ansiaba
que aprendiésemos, que subía a bordo como ratas
bajo el signo de la cruz y el rey
para batir la vela y escabullirse sobre mis costas.
Pero la escolaridad de sus jóvenes omitía
el canto de las aves y el rumor del maíz en los campos.
Así, años más tarde,
crezco insegura bajo plantíos de escrutinio
mientras sus hijos a medias crecidos se sientan en jeans
sobre las piedras caídas de los templos, a leer
sus libros de bolsillo, a derramar sus gaseosas como lágrimas
en la seriedad de la juventud.
Pronto, las décadas se hacen siglo y todavía
observo con ojos tan viejos como la tierra. Los volcanes
envejecen y se tornan hombres viejos y sí los hijos
trepan sobre mí para suplicar y plantarme
llena de semillas para alimentar un pueblo hambriento.

# BOHEMIAN

Who can find such blame after the years,
after the rain of affection, infliction?
The humiliating way we pray for survival.
The same way my mother scolded
       "get out of the sun,
       too hot for the golden girl."
But cry in the summer shade,
no longer young
nor the pale flower of innocence.
The prayers of the primitive, the blameless,
buzz of indifference,
rescinding hotly whispered vows.
But, the way she walked away
to volcanoes and cobbled streets;
the way she smiles and laughs
watching him watch her;
the way she holds the rotting rose
sarcastically calling this philosophy,
existential madness
in her bohemian life,
dissolving exhibitionism,
propounded delinquency.
Hush she says and prays,
colorful bird never learned to sing
unless perched on somebody's hand.

## BOHEMIA

¿Quién puede creer que tal culpa, tras los años,
tras la lluvia de afecto, es castigo?
La humillante forma en que suplicamos para sobrevivir.
La misma forma en que mi madre regañaba
        "quítate del sol,
                demasiado caliente para la niña de oro."
Pero llora en la sombra de verano,
que ya no es joven
ni es la pálida flor de la inocencia.
Las plegarias de los primitivos, los faltos de culpa,
zumbido de indiferencia,
votos susurrados que se retractan cálidamente.
Pero, la forma en que se alejaba
hacia los volcanes y las calles empedradas;
la forma en que sonríe y ríe
viendo cómo él la ve;
la forma en que sostiene la rosa que se pudre
y sarcásticamente llama a esto filosofía;
locura existencial
en su vida bohemia,
exhibicionismo que se disuelve,
delincuencia propuesta
Calla dice y ruega;
colorida ave que nunca aprendió a cantar
a menos que se posara en la mano de otro.

## AN ENTIRE NIGHT

My love . . . knock on the doors that
let you glimpse the garden aglow in twilight,
filled with dew-drenched wanderings
held fast by the balance of my life.
Moon rises over channels yet unseen
through nocturnal islands of roses
wet with no regrets.
A time to be measured by
the swell of the grasses,
waves green with possibility,
the graceful rise and fall
of agelessness like the dark canyons
of an entire night,
I rest.
So, my love, quickly pick me up
as uncut gems tumble around our feet,
those brilliant eyes of countless birds,
the exotic that I in so believe,
not brambles of the human race
but wet jewels we left in garden,
the treasure of ritual trinkets,
bones of the stony warriors of love
held fast by the balance of my life.

## TODA UNA NOCHE

Mi amor . . . Llama a las puertas que
te dejen atisbar el jardín iluminado en el crepúsculo,
lleno de errabundeos empapados de rocío
unidos por el equilibrio de mi vida.
La luna se levanta sobre canales todavía no vistos
a través de nocturnas islas de rosas
mojadas sin remordimientos.
Un tiempo para ser medido por
el aliento de los céspedes,
olas verdes de posibilidad,
el gracioso auge y caída
de lo que no tiene edad como los oscuros cañones
de toda una noche,
yo descanso.
Así, mi amor, tómame pronto
mientras las gemas en bruto caen en torno a nuestros pies,
esos ojos brillantes de aves sin número,
lo exótico en lo que yo tanto creo;
no zarzas de la raza humana
sino joyas húmedas que dejamos en el jardín,
el tesoro de talismanes rituales,
huesos de pétreos guerreros de amor
unidos por el equilibrio de mi vida.

## JOAN

Evening reflects the smell of fresh sheets
where children lie
composed, soft and crumpled music
of the kind
certain women can hear.
Spring from womb-days
that grow long and green,
she wanders out
with the wild liquid eyes
of her mother, set behind
the dark glasses of many years.
Tears travel river beds
to the turned-up lips of a smile
as she looks through her pen
to the woman who gave her life.

## *JOAN*

La noche refleja el olor de las sabanas frescas
donde los niños descansan
arreglados, suave y ajada música
del tipo
que ciertas mujeres pueden escuchar.
Brote de uterinos días
que crecen largos y verdes,
ella errabundea
con los salvajes ojos líquidos
de su madre, colocados tras
los anteojos oscuros de tantos años.
Las lágrimas corren por lechos de ríos
hacia los labios entornados en una sonrisa
mientras mira a través de su pluma
a la mujer que le dio la vida.

## AT HER DEATH

She moves through rough and gray water,
tries to close palms around
the many pieces that slide past her hands,
strike her face,
gasps for air made scarce by thickening night,
her body chilled into separate pieces of flotsam,
then  wonders at the diamonds left in pocket,
those small crusty things that seem
like anchors to her now,
colorless flecks of memory collected
from wandering the many
beaches of different shores,
so heavy as they hum a siren's song,
rubbing their sharp edges together
as she struggles to float upon the waves
of an entire night.

## EN SU MUERTE

Ella se mueve a través de agua turbulenta y gris,
trata de cerrar las palmas en torno
a muchos fragmentos que se deslizan por sus manos,
que golpean su rostro,
busca un aire que se hace escaso en la noche espesa,
su cuerpo se hiela entre fragmentos de despojos flotantes
luego se maravilla con los diamantes que quedan en el bolsillo,
esas pequeñas cosas ásperas que ahora
le parecen anclas,
migajas descoloridas de la memoria recolectadas
tras errabundear por muchas
playas de distintas costas,
tan pesadas mientras tararean un canto de sirena
frotando sus agudas aristas entre sí
mientras ella lucha por flotar sobre las olas
de toda una noche.

## *ACKNOWLEDGEMENTS*

With gratitude to the Guatemalan people, my daughters Tara and Kendra, Bruce McCowan, Mr. Dawson, Maria Eskenasy, Rubén Nájera, Queti Naranjo, Mischa Prince, Pattie Traynor, Jørn Bei, Vey Smithers, and especially Bill Latham, for their help and inspiration, but more importantly for being a pivotal part of my life.


## *RECONOCIMIENTOS*

Estoy agradecida al pueblo guatemalteco, mis hijas Tara y Kendra, Bruce McCowan, Sr. Dawson, Maria Eskenasy, Rubén Nájera, Queti Naranjo, Mischa Prince, Pattie Traynor, Jørn Bei, Vey Smithers, y especialmente a Bill Latham, por su ayuda e inspiración, y por ser una parte integral de mi vida.